사랑이라오

사랑이라오

- 초판 1쇄 발행 2017년 12월 30일

- 지은이 김순찬
- 그린이 탁용준
- 펴낸이 조유선
- 펴낸곳 누가출판사

- 등록번호 제315-2013-000030호
- 등록일자 2013. 5. 7.
- 주소 서울특별시 공항대로 637 B-102(염창동, 현대아이파크 상가)
- 전화 02-826-8802 팩스 02-6455-8805

- 정가 13,000원
- ISBN 979-11-85677-26-2 03230

김순찬 시집

사랑이라오

시 김순찬 · 그림 탁용준

출판사
누가

목차

1부
눈을 뜨면 펼쳐지는 수채화

2부
새롭게 창조된 나

3부
바람이 분다

눈을 뜨면
펼쳐지는
수채화

눈을 뜨면 펼쳐지는 수채화

눈을 뜨면
창밖 투명한 화선지 위로
한 폭의 수채화가
펼쳐집니다

늘
다른 색깔과 모양으로
그려져
보는 이를 기쁘게 합니다

그와 나 사이에
막힘이 없기에
늘
아름다운 수채화를
즐기며
긴 잠에서
깨어납니다

고목나무

이리보고 저리보아도
볼품도 모양새도 없는
이리 삐죽 저리 삐죽
제멋대로 자란 모습

너의 굽고 거칠고
멋대로 뻗은 모양은
하루아침에 생겨난
창조물이 아닌
무수히 많은 세월과
싸우면서 거듭난
자랑스런 네 세월의 옷임을

이젠 당신의 모습에
자랑스러워하며
굽은 허리를 펴시게

먼 훗날

잡초처럼
살아온
그대 삶 속에

매화향기 그득함이
무슨 연고인지 모르겠소

모진 풍파 속에
찢기고 상한
그대 모습 속에서
한 송이 매화꽃이
그려지는 것은
무슨 연고인지 모르겠소

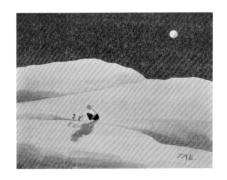

잡초의 인생 속에
매화꽃이 활짝 핌이
무슨 연고인지
먼 훗날
세월이 말해주리라

자연스러움

자연스러움은
조금은 거칠고
정리가 덜된 듯 보이나
힘이 있고

자연스러움은
예쁘게 치장한 새색시처럼
보이지는 않아도
보고 또 보고 싶어지는
신비의 매력을 담고 있고

자연스러움은
딱딱하고 부자연스럽지만
오래도록 함께 하고픈
편안함이 있네

사계절 소리

봄 소리는
부드럽고 애절하여
님 부르는 소리

여름 소리는
시끄럽고 요란하여
웅지 트는 소리

가을 소리는
조용하고 풍요로워
사랑 나누는 소리

겨울 소리는
대지를 잠재우는
침묵의 소리

봄처녀

봄이
수풀을 덮고
언덕 너머로 넘어 오네

봄이
변덕의 옷을 입고
구름 너머로 넘어 오네

봄이
살랑살랑 바람을 타고
처녀 가슴으로 파고드네

대나무꽃

어둡고 칙칙한
그곳에서
푸른 빛 옷을
입고 서 있는 자여

남들이 싫어하는
하등벌레와 동무하여
곧은 절개 지키며 사는 자여

남들은 옷 고운 실로
몸단장하기 바쁜데
너는 홀로
정직이라는 꽃을 피우고 있구나

푸른 빛

단단한 흙더미 속에서
파고 올라오는
푸른 빛 생명들

대지 위에
인간 문명의 흙먼지만 쌓여
푸른 빛은 어느새 희미해지고
절망 고통 괴로움 질병이 가득해도,
무한한 생명력의 에너지가
문명의 이기를 뚫고 녹여
푸른 빛 생명력을 퍼지게 하네

문명의 종말이 온다할지라도
푸른 빛 생명은 싹을 틔우지

흙

당신의 빛깔은
보아도 또 보아도
지겹지가 않소

당신의 내음은
맡아도 맡아도
싫증이 나질 않소

당신은 높고 낮음을 알아
늘 세상을 편하게 하고

세상이 당신을 버려도
당신은 세상을
가슴 깊이 품어 안고

당신의 생명력은
끊임이 없어
무한히도 싹을 피우네

세상이 당신을
헌신짝처럼 여길지라도
당신은 세상을
귀한 보화처럼 돌본다네

부활의 아침

칠흑 같은 어둠에 둘러싸여
갈 바 몰라
무작정 내딛는 걸음에
상처만 깊어 가고

헤매다 지쳐
내뱉는 숨소리마저
거칠어질 때

찰진흙 같은 두려움 끝자락
희미한 작은 불빛에
동공이 열리고
소리 없는 눈물만
볼을 타고 흐르네

사슴 한 쌍

이 더운 복날에
옆에 누가 올까 겁나거늘
어찌 그리 붙어
정을 나누는고

삼복더위도
너의 정 앞에서
무릎 꿇고 넘어가는구나

당신의 모습

흰 눈 속에 피어 있는
당신
곱디고운 모습으로
한 송이 매화꽃을
피우고 있소

찬바람
살 속을 파고들어도
당신은 늘
하얀 모습으로 서 있소

눈보라 이는
세찬 바람도 뒤로 한 채
맑고 밝은 모습으로
매화향 그윽이
내뿜고 있소

이제
세상의 근심 시련 뒤로 하고
일어서려하오
해맑고 밝은
당신의 모습 보며

아가의 세상

아가의 세상은
불신이 가득한 세상도
믿음으로 받아들이죠

아가의 세상은
더럽고 추한 세상도
아름답게 보지요

아가의 세상은
어둠이 세상을 짓누르고 있어도
희망의 빛이 가득 차지요

아가의 세상은
소음 가득한 세상에서도
환타지 음율처럼 듣지요

아가의 세상은
온갖 향기가 만발하답니다

그런

아가의 세상도

천국입니다

바라는 마음
- 돌맞이 소영에게

둥글둥글
둥근 세상이라
둥글게 둥글게 살려무나

뒤뚱뒤뚱
걷는 네 모습
지금은 중심잡기 어려워도
좌로나 우로나 치우치지 않는
신념으로 살려무나

그대에게

입 맞추고 싶습니다
사랑하는 이의
두 귀를 꼭 잡고
코를 맞대며

입 맞추고 싶습니다
너무도 소중하고 사랑스런
그대 영혼에

아름다운 나의 사람아

몸매의 선이
예전 같지 않아도
당신은 여전히
아름다운 사람이라오

곱디고운 얼굴에
잔주름의 선이 그어졌어도
당신은 여전히
아름다운 사람이라오

은반에 옥구슬 구르듯
맑고 아리따운 목소리 간 데 없고
막걸리 뚝배기 같이
걸쭉한 소리 낸다 하여도
당신은 여전히 아름다운 사람이라오

세월이 흘러
이 강산 변한다 하여도
그대
세월의 옷을 입어

변한다 하여도
가슴속 깊이 새겨져 있는
그대 모습은 늘
아름다운 사람이라오

성만찬

빛나는 모습으로 내려와
조각조각 떼어 줌으로
피 흘렸으나
슬퍼하지 않으시고

빛나는 모습으로 내려와
어둠과 두려움에 떨던 이에게
생명으로 영생으로
한 방울 남김없이
다 쏟으셨으나
원망하지 않으시고

사랑으로
죽음을 이기시고 안겨주신
부활의 선물

그 손에 그 품에

당신의 손이 거칠고 굳어져
질긴 가죽처럼 변하였건만
당신의 손길이 여직 좋은 것은
그 손에
사랑이 배어 있음이라

당신의 품에서 풍기던
좋은 향내는 없어지고
묵은 내음만 온몸에 가득해도
당신께 폭 안기고 싶은 것은
그 품에서
사랑의 향내 풍겨남이라

그분은

내 지닌 모습으로
그분은
말하지 않습니다

내 풍기는 냄새로
그분은
찡그리지 않습니다

내 잘못으로
넘어진다 하여도
그분은
책하지 않습니다

그분은
그저
배 아파 낳은 자식으로 여기며
어제도 오늘도 내일도
지켜보고
계실 뿐입니다

내어주는 이

수많은 빗방울이
당신을 내려칩니다
받아달라고

수많은 빗방울이
모여 아우성칩니다
길을 내어달라고

당신은 조용히
자신의 삶을 떼어
길을 열어줍니다

햇살이 돋은 후
수많은 빗방울은 사라지고
남은 건
찢기고 갈라지고
추하게 일그러진
당신의 험한 모습

하지만 간밤에
당신이 내어줌으로 인해
얼마나 많은 생명들이
살아났는지

결코 100이 될 수 없는 99

단 한명의
가난한 자를 위해
아흔 아홉 가지 풍요를
버렸습니다

단 한명의
버림받은 자를 위해
아흔 아홉 봉 높은 자리에서
내려왔습니다

단 한명의
상처받은 자를 위해
아흔 아홉 실 수놓아진
비단옷도 찢을 수 있었습니다

단 한명의
집 잃은 자를 위해
아흔 아홉 칸의 고대광실에
두 다리를 뻗지 않았습니다

단 한명의
배고픈 자를 위해
아흔 아홉 가지 산해진미를
들지 않았습니다

이 모든 걸 버릴 수 있는 건
그 단 하나가
아흔 아홉을 채워줄 수 있는
백이기 때문입니다

그저

이유가 없습니다
주어도 주어도
주고픈 마음
베풀고 나누어도
끝없는 마음엔

이유가 없습니다
가시와 같은 아픔이 있어도
날카로움에 살이 베어도
또 다가설 수 있는 것엔

이유가 없습니다
끝없는 샘이 안에서 솟아올라
덮어주고 끌어안아 주고픈 마
음엔

이유가 없습니다
물이 위에서 아래로 흐르듯
냇물이 강물이 바다로 모이듯

그저
사랑하고픈 마음입니다

세 가지 보물

누군가의 기댈 어깨가 필요했지만
아무도 없을 때
당신은
통곡의 벽에
기대어서 기도했습니다

누군가에게 속삭이고 싶지만
아무도 귀 기울여 주지 않을 때
당신은
천상의 노래를
부르기 시작했습니다

누군가와 함께하고 싶지만
아무도 없어 홀로 서 있을 때
당신은
덩그러니 서 있는
십자가를 붙잡았습니다

선하심

그분의 선하심에
돌짝 같은 죄악
눈 녹듯 하고

햇살 비친 눈같이
밝게 비춰
오늘 나를
눈부시게 하네

빚과 빛

그대
빚이 많다 하여
빛으로 살라하네

촛불의 밝음으로 인해
그대들은 즐거워하나
촛농의 슬픔과 고통을
그 누가 알 수 있으리오

그래도 빛으로 살라하네
그대들에게 진 빚이 많아
오늘도 흰 눈물 흘리며
빚을 태우고 있네

그림자

내 모습 그대로
더 크지도 않고
더 작지도 않는 모습으로
늘 곁에서 떨어지지 않고
묵묵히 따라오는
나의 흑기사여

인생길
외롭고 쓸쓸할까 하여
하나님이 주신 선물
너 흑기사여

내 너를 잊어도
불평하지 않고
말없이 내 편이 되어주는
나의 친구 흑기사여

그대를 통해
하나님을 알고
하나님과 함께 하심이
무엇인지 알게 되었네

My Home

아카시아 향기와
들풀 냄새 어울려
내 코를 자극하네
어디론가 유혹하는
그 냄새 이끄는 대로
무작정 길을 걷네

다다른 곳에 이르러
눈을 뜨니
그곳은 My Home
아카시아 나무도
들풀도 없건만
향내가 이끄는 곳
그곳은 My Home

세 천사
– 두 자녀와 오부덕 어머님께

무거운 짐 지고
홀로 가는 여인이
가다 쓰러질까 하여
높고 높은 보좌에 앉으신 이가
두 날개를
달아주셨습니다
거닐다 지치면
두 날개로 날으라고

무거운 짐 지고
홀로 가는 여인의
삶이 버거워
쓰러지고 넘어질까 하여
높고 높은 보좌에 앉으신 이가
허름한 지팡이 하나
내어주셨습니다
가다가다 힘들면
지팡이 의지하여
지치고 힘든 다리 쉬어가라고

십자가 목마

십자가 목마 위에서
투정만 부리던
어린아이는
막대기로 목마를 치며
재밌다고 깔깔댔고

십자가 목마 위에서
불평만 늘어놓던
어린아이는
돌멩이로 내리치며
자신의 이기심을 채웠는데

십자가 목마 위에서
놀던 어린아이가
목마의 흔들림에 놀라
시선 아래로 떨굴 때에
순간 마주친 목마지기의 눈빛

거친 숨소리와
온몸이 땀 젖은

목마지기 모습에
철없는 자신이 한없이 부끄러워
말없이 고개만 떨군다

짠한 내 콩아

짠한 내 콩아
옥토에 떨어졌더라면
이런 시련과 고통을
겪지 않으련만
척박한 땅에 떨어져
머리는 깨지고 부서져
온몸 만신창이 되었구나

많은 눈물과 희생을
진액 삼아
싹을 틔워내고
이젠 새 삶에
기쁨만 남으리

빛으로 여울지는 음성

누군가와
함께 하고 싶을 때
함께할 수 없는 현실에
고독은 소리 없이 밀려와
나를 쓸어가려 하고

고통의 회오리 속으로
빨려 들어가
어둠 속에서 허우적거릴 때

한 마디 음성이 빛으로 여울져
어둠의 잠을 깨우고
평안의 눈을 뜨게 하네

두려워 말라
내가 너와 함께 하리라

사랑이라오

가장 소중한 자리를
그대를 위해
비워 놓겠소

내 다리 지쳐
쉬고 싶지만
그대를 위해
빈자리 지키고 있겠소

그대 돌아와
이 자리에서 쉴 때까지
나 떠나지 않고
이 자리
굳게 지키겠소

이것이
내가 그대에게 주는
사랑이라오

하나님 나라를 사모하여

아무도 붙들어 주는 이 없는
이 길에
홀로 서 있네
하나님 나라를 사모하여

온몸에 진이 빠지고 지쳐
함께 나누는 이 없이
홀로 서 있네
하나님 나라를 사모하여

말 화살 속에 온몸 촉이 박혀
죽을 것 같은 고통이 밀려와도
따스한 말 나누는 이 없이
홀로 서 있네
하나님 나라를 사모하여

이 땅에
홀로 서 있는 수고를 하여도
기쁨이 있음은
오직 하나님 나라가
내 안에 있기 때문이라

물이 되고 싶어라

메마르고 목마른 심령에
지치고 피곤한 몸을 적시는
물이 되고 싶어라

절망과 좌절의 고통 속에서
저만큼 앞서 있는 죽음의 아픔 속에서
소생하게 하는
물이 되고 싶어라

너의 부름 소리에
귀를 기울여
열린 마음으로 들어주는
물이 되고 싶어라

너의 구원의 손짓을
외면하지 않고
비록 작은 손이지만 내밀 수 있는
물이 되고 싶어라

어둠 속에서 흔들리는 불빛을

애타는 마음으로 바라보며
어둠을 향해 나아가는
물이 되고 싶어라

2부

새롭게
창조된
나

자연의 섭리

따뜻한 커피 향 맡으며
가을의 정취를 바라봅니다

오색 빛깔로 물든
천지를 바라보며
오묘한 자연의 섭리에
고개가 숙여집니다

이 가을이

가을은 고독을 낳고
고독은 사랑을 낳고
사랑은 열매를 맺고
열매는 번성을 가져오니
이 가을이
얼마나 좋은지

나도 모르게

아무도 모르게
조용히 순종한
밀알 하나

축복의 열매로 나타나
온 누리의 빛으로
희망으로 생명으로
샘솟게 할 줄을
오직 그분만이
아셨을 겁니다

나도 모르게

새롭게 창조된 나

깨어지고 부서져
내가 가진 흔적
산산이 없어질 때

그분의 섬세한 손놀림으로
새롭게 창조된
자신을 본다

곡조 있는 기도가

곡조 있는 기도가
심령 속에 터져 나와
누군가를 위해 기도하네

곡조 있는 기도가
내 삶의 현장에서
땀으로 흘러
수고의 분복을 허락하신
이를 위해 기도하네

곡조 있는 기도가
안식할 처소에서
함께할 이들이 있음에
평안의 기도를 올리네

감사합니다

감사합니다
큰 복 얻고 교만할까 두려워하여
암몬 같은 가시 주시니

감사합니다
주신 몸 귀히 여기며 살라고
드문드문 병마 주시니

감사합니다
홀로 외로워 죽을까봐
사랑하는 가족 주시니

감사합니다
남들 힘들다 하는 시어른을
배로 섬기게 하여
비전 갖게 하시니

감사합니다
뒤돌아보니
오직 주님의 발자국만 찍혀 있습니다

태교의 마음

일평생
태교하는 마음으로 살고파라

몸과 마음을 살펴
매사에 조심조심 자신을 살피고

말 한 마디에도 신경을 쓰며
좋은 생각 정한 마음 품으려 애쓰며

걸음걸음도 사뿐사뿐 덤벙대지 않으며
턱이 있지 않나 장애물이 있지 않나
조심하며 조용조용 길을 걷고

흠 없고 티 없는 곱고 싱싱한 음식으로
몸과 마음을 즐겁게 하고

모든 일을
탐심으로 하지 아니하며
좋은 것만 보고
아름다운 말만 하며
매사에 자신을 살피는 마음은
그 속에
생명이 자라고 있기 때문이라

하나이기에

사랑하는 이
눈에 눈물 맺힐 때
바라보는 마음엔
쓴 눈물 흐르고

사랑하는 이
깊은 한숨에
바라보는 가슴
휑하게 뚫리고

사랑하는 이
가슴에 맺힌 상처에
바라보는 가슴엔
살이 뜯기네

사랑하는 이
희노애락이
바라보는 마음과 같음은
그와 난
하나이기에

동생

조그맣고 못생긴 아이
어느 날 그 아이의
손을 잡았습니다

늘 망상을 쫓고 상상 속에서
살아가는 아이의
동반자가 되었습니다

이리저리 부딪혀봐야
깨닫는 아이
상처의 아픔도 나누게 되었습니다

천사의 모습도
악마의 모습도
한 가슴속에 품었다가
변신로봇처럼 변하는 아이를
곁에서 바라보는 이 마음은
그저
답답하고 아프고
가슴만 저려올 뿐입니다

내 친구

나 홀로 외로워 울까봐
늘 내 곁을 떠나지 못했던
내 친구

힘들고 지쳐 머리 둘 곳 없을 때
슬며시 어깨 내밀던
내 친구

걸림돌에 넘어져 버둥거릴 때
손 꼬옥 잡아주던
내 친구

늘
내어주는 마음으로
바라보고
지켜주고
변함없는 마음으로 함께했던
영원한 내 친구

힘

많은 말보다
사랑한다는
그 한 마디

많은 말보다
잘했다는
그 한 마디

많은 말보다
힘내라는
그 한 마디

많은 말보다
우리 함께 해보자는
그 한 마디

그 한 마디가
나를 움직이는 힘입니다

그날까지

당신의 존재로 인해
내 삶이 빛이 나고
모진 비바람 속에서도
마지막
한줄기 빛처럼
내 삶 중심에
깊이 뿌리 내렸소

연인을 사모하는 심정으로
오늘도 그대를
기다리고 기다리오
영원히 함께할 그날까지

될 때까지

나의 신음
하늘 노래 될 때까지
하늘 향해 기도하리

나의 신음
하늘 소리 될 때까지
하늘 향해 무릎 꿇고

나의 신음
하늘 기쁨 될 때까지
눈물로 씨를 뿌리며

나의 신음
하늘 영광될 때까지
하늘 향해 감사하리

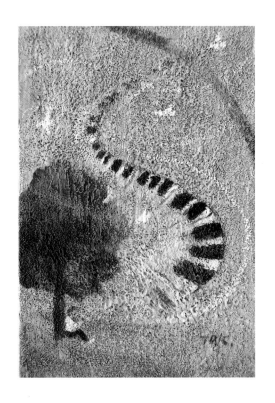

진주와 생명

땀방울이 핏방울 되고
핏방울이 진주가 될 때까지
침묵하며 기다렸습니다

많은 말들이 가슴속에서
타들어 갔지만
그때에도
침묵하며 기다렸습니다

손에 힘이 불끈
쥐어질 때에도
보이지 않는 손으로 감싸 안은 채
침묵하며 기다렸습니다

당신의 땀방울
단에서 흘러
온전히 적시는 날
향기 만발하며

당신의 핏물
단에서 흘러
성전에 가득 찰 때
진주 같은 모습으로
새 생명 탄생하리니

고개 숙인 벼

고개 숙인 벼를 보며
겸손을 배운다고 하지만
고개 숙인
고통은 생각지 않았네

오늘 하루 종일
고개 숙여 일하면서
겸손은
고통을 수반한
인내로부터 옴을
비로소 알았네

미련한 어미

이 세상 진토는
어미의 눈물입니다

자식 잘돼라
입으로 외치기 전
하늘 향해 눈물 흘릴 때,
그 눈물 거름되어
눈에 넣어도 안 아플
자식 자라게 하니

눈물이 진토인 것을
오늘에야 깨달은
참으로
미련한 어미입니다

기다리는 마음

금방 오마던 님
기다려도 오지 않고
나 홀로 딱딱한 바닥에 앉아
무심한 바다 바라보며
한없이 가신 길 바라보네

이제나 저제나 올까하여
기다리다 깊은 한숨만 내리쉬고
갈 길 바쁜
이 내 삶에 즐길 여유 없이
스스로 쫓기니
가신 님이나
기다리는 신세나
어이 하오리

참 속이 상하다

참 속이 상하다
오르려하면
한순간에
저 끝 밑바닥으로
내동댕이쳐지고

참 속이 상하다
그대 나를 모르고
나 또한 그대를 모르기에
서로에게 상처를 주고 살아가니

참 속이 상하다
길지도 짧지도 않는 인생살이
버둥대며 살아가는
서로의 모습을 바라보니

참 속이 상하다
상처를 감추고
아픔을 감추고
태연하게 살아가려니

참 속상하다

그래

사노라며
불화산이 끓어올라
폭발의 조짐이 보일 때
저 깊은 곳에서
두 음성의 외침이 들리네

이제 끝이 온거야
용암을 쏘아 올려야지

다른 한편의 마음에선
아름다웠던 순간들을
다시금 떠올리며
그래
사노라면
이해 못할 것도
용서 못할 것도 없지

두 음성 가운데 선 채로
방황과 번민 속에
하루하루
선택하며 살아가는
내 인생이여

알고 계십니다

당신은 알고 계십니다
바람 앞에 꺼져가는 희미한 등불 같은
연약한 내 심령을

당신은 알고 계십니다
바람 앞에 가냘프게 떠는 등불 같이
흔들리는 내 인생을

당신은 알고 계십니다
내일이 오지 않을 것 같은 불안 속에서
오늘 하루 밝히기에도
버거운 내 모습을

당신은 알고 계십니다
상한 갈대처럼 이리저리 흔들리며
세상 풍파에 뽑힐까
작고 작은 뿌리에 의지한 체
발버둥치는 내 처지를

이젠 깨닫습니다
꺼져가는 희미한 등불 속에
당신의 피 묻은 손이 감싸고 있었음을

이젠 깨닫습니다
흔들리는 상한 갈대를
온몸으로 감싸고 계셨음을

질 그릇 같은 인생아

그 가신 길에
날 오라 하네
내 머리 끄덕이나
내 마음 천리 밖으로
도망치네

그 하신 일들
나더러 하라 하네
내 대답했건만
두 다리 굳게 붙어
움직이질 않네

그 지신 짐을
이젠 나더러 지라 하네
고개 저으며
많은 변명만
입속에 맴도는데

비판의 칼

비판의 칼을 들고
내려치려할 때

죄수의 모습은 사라지고
말없이 십자가 형틀을 매신
주님의 모습 떠올라
감히 칼 휘두르지 못한 채
부끄러운 마음으로
무릎을 꿇습니다

이 길은

보혈의 길은
내어주신 이도
울고
그 길을 걸어오는 이도
울 수밖에 없는 길

한 생명을 살리기 위해
한 생명이 죽을 수밖에 없는
길이기에
울며 이 길을 갑니다

가시밭길

가시밭길 고단하다 하나
넓고 평탄한 길
부러워하지 않으리

가시밭길 험난하여
온몸 찢긴다 하여도
넓은 길 황금마차
부러워하지 않으리

가시밭길 고단하나
하늘 상급 비할 소냐

오늘 조금 고단하나
내 너희들 부러워하지 않고
지치고 상한 다리 재촉하며
이 길 걸어가리

어찌하라고요

이해가 아니 되어도
악이 선을 이기는 것 같은데도
당신은 침묵하라 하십니다

답답함이 가슴을 짓눌러도
당신은 참으라 하십니다

어느 때까지인지 모르는 싸움을
당신은 계속하라 하십니다

너무 지치고 목마릅니다
당신의 침묵에

아프다

죽기까지
충성하라 하시지만
죽는 것이 너무 고통스럽고
아프다

산 자가 죽으려니
그 얼마나 답답하랴

그러나 그분은
날마다 죽으라 하신다

죽는 것이 힘들고
죽는 것이 너무
아프다

나의 사명 때문에

혼자서 겪어야 할
일이라면 좋겠습니다
그 어떤 환난과 풍파도
견디겠는데
사랑하는 이와 같이
겪는다는 것은
너무도 큰 아픔입니다
그것을 잘 알면서도
그들의 아픔을
그저 볼 수밖에 없는 심정은
죽음입니다

주여

주여
저를 짓이겨서라도
향내 맡기를 원하십니까?

주여 제가 분토가 되어
이 땅에 거름이 되길 원하십니까?

주여
제가 죽어
가정 순교자가 되길 원하십니까?

주여
제 피를 원하십니까?
주여, 저는 무엇입니까?

죽기까지

너의 고난이
아픔 받는 이들에게
위로가 된다면
힘이 나겠니?

너의 실패가
좌절 속에서 신음하는 이들에게
용기가 된다면
힘이 나겠니?

너의 슬픔이
애통하는 자들의 눈물을
씻어 주는 손이 되었다면
힘이 나겠니?

너의 순교가
사망에 처한 이들에게
생명의 젖줄이 되었다면
힘이 나겠니?

먼 길

꼬부랑 고갯길을
돌고 돌아
땀방울 송글송글 맺힐 때
오던 길 뒤돌아보니
앞에 갈 길이 막막하네

무심코 뒤돌아본 길이
왜 이다지 후회스러운지
저절로 한숨이 쉬어지네

먼 길 한번 쳐다보고
몸에 묻은 먼지 툴툴 털고
다시금 숨을 돌려
힘들고 지친 다리
쓰다듬고 어루만져
먼 길 향해
또 한 걸음 내딛네

살아 숨 쉬는 동안

나 숨이 막혀 와도
살아 숨 쉬는 동안
하늘을 바라며 살아가리라

나 살아 있음을 느끼게 하는
하늘빛을 바라보며 살아가리라

나 살아 소망을 느끼게 하는
비 개인 후 내리비치는
저 영롱한 무지갯빛!

3부

바람이
분다

바람이 분다

바람이 분다
목마른 대지 위에
생명수 뿌리러
바람이 몰려온다

바람이 분다
혼탁한 대지 위에
흐르는 탁한 내음 몰아내려
바람이 몰려온다

바람이 분다
상한 심령
강퍅한 심령
막힌 가슴 뚫으러
바람이 몰려온다

울타리

환난의 바람이 불어도
해산의 진통이 몰려와도
두려움 없이 담대함은
그대의 울타리가 있기 때문입니다

슬픔이 어깨 너머로 흔들려도
기쁨이 가슴 터지게 밀려와도
슬픔과 기쁨을 나눌 수 있는 것은
그대의 울타리가 있기 때문입니다

가라지

비스므레 한 것이
조용히 파고 들어와
자리 잡고 앉더니
동무들 불러 모아
검붉은 손 갈퀴로
황금 벼를 훑어 내리네

종과 왕

왕의 신분을 버리시고
종의 형체로
종을 섬기신
그분의 사랑을
종들은 알까

왕의 시중 속에
교만은
바벨탑을 쌓고
거만은
하늘만큼 높이 쌓여

그분의 뜻은
안개처럼 사라지고
그분의 한숨만
깊어져 간다

시멘트도 흙이었다

죽은 흙이
산 흙을 덮어 버린다

산 흙을 돕기 위해
시멘트로 깁스를 한다지만
돌덩이처럼 딱딱하고
풀 한포기 자랄 수 없고
도저히 살아 갈 수 없게 하는
죽음의 흙

오늘도
산 흙이 죽음의 흙에 덮여
신음하고 있다

다시 한 번

100년 전 이 강토에
뿌려졌던 핏자국을
기억합니다

그분들의 흔적에
자손들은
오늘까지 편히 먹고
살찌우고 있습니다

그러나 오늘
그분들의 핏자국이
흐느끼고 있습니다
다시 태어나
다시 한 번
이 강토를 위해
피 흘리고 싶다고

목마름

내 목마르다
원하는 이를 만나지 못함에
내 목 줄기 타들어만 가고

내 목마르다
사람 같은 이를 찾기가
너무 힘들고 지쳐
한없이 꺼져가는 육신 잡을 힘이 없어

내 목마르다
생수 같이
이 현실 시원하게
뚫어줄 이를 만나지 못함에
심히 목마르다

말하라

먼저 말하기 전
피 값으로 세워진
교회 한번 바라보고

먼저 말하기 전
교회를 위한
수천수만 성도의
눈물 기억하고

먼저 말하기 전
교회를 향한
그분의 뜻과 계획
생각하고

말하라

투정

징징 대지 마라
내 아파 못살겠다

찡그린 얼굴
투덜거리는 소리
가슴에 못으로 박혀
내 아파 못살겠다

징징 대지 마라
내 어찌 너를
돕지 않을까

인생들

표류하는 이처럼
널판지에
온몸을 의지한 채
무작정 넓은 바다로
흘러만 간다
목적도 없이 무의미 하게

잠깐

태어남과 죽음도
찰라라

선택과 버림도
만나고 헤어짐도
한 순간이라

오래 고민한다고
이루어지는 것이 아닌
잠깐 사이에
결정되는 것이
세상사라

가치를 아는 자가

구원의 가치를 아는 자가
하나님의 사랑을 깨닫고

생명의 가치를 아는 자가
죽은 후 내생(來生)을 생각하고

감사의 가치를 아는 자가
삶을 소중히 여기며

기쁨의 가치를 아는 자가
옛 일을 기억하며

섬김의 가치를 아는 자가
거지라도 왕처럼 대우하며

삶의 가치를 아는 자가
오늘을 귀히 알아 살아간다

믿음의 눈

믿음의 눈으로 바라보면
황무지도 기름진 땅으로 보이고
사막에서도 오아시스를 보며
험준한 산 속에 감춰진
보물도 캐내나니

믿음의 눈으로 바라보면
할 수 없다 한 모든 일이
가능해지는
신비한 힘이 솟아나
기적의 땅을 일군다

물과 돌

물의 용도와
돌의 용도를
취할 수 있는
마음이여

마음이 굳어져
돌이 되면
그 어떤 말에도
꿈쩍이지 않는 돌사람이 되고

물과 같이 유한 마음이 되면
모든 곳에 흘러
필요를 채울 수 있는
생명이 되네

나의 자세

그분의
말씀을 믿고 따름은

상황에 따른 영향을
받지 않고
오직
말씀 그대로
토 달지 않고
행하는 것

누가 하든 안 하든
상관하지 않고
칭찬이나 비방에
흔들리지 않고
그냥 하는 것

어떤 청년

빛나는 눈동자 속에서
투지로 불타는 열정을 보았고
맑고 투명한 눈동자 속에서
깊이와 넓이를 보았고
그 뒤에 함께 하시는
하나님의 열정을 보았네

열정

기쁨의 샘이
터졌다
온몸에서 솟구쳐
흐른다

열정이 솟아오른다
꿈에 대한 희망으로
온몸에 구슬 같은
땀방울 흘러흘러
꿈을 향해
모여져 간다

시 · 김 순 찬

작은 산골에서 한 남자의 아내로 두 자녀의 엄마로 살고 있는 평범한 사람입니다. 중보기도의 사명을 받아 몇몇사 람들과 함께 중보를 하고 있는 주님의 작은 여종입니다.

어디서 시를 배워 본적이 없는 서툰 글입니다. 그저 마음 에서 들려온 소리를 써내려본 서푼짜리 시입니다. 그럼 에도 불구하고 이 모든것이 주님의 선물임을 알기에 수 줍게 이 시를 나누겠습니다.

광야기도원 원장 김순찬
starpark85@nate.com

그림 · 탁 용 준

개인전 21회, 자선개인전 2회
한국미술협회전등 그룹전 260여회, 해외 그룹전 10여회
대한민국 기독교 미술대전 우수상 외 공모전 17회 수상

현 한국미협, 양천미협, 한국미술인선교회, 그림사랑,
빛그림 회원

작업실: 서울시 양천구 목동서로 213 세신b/d 806호 탁화실
폰: 010-8870-1931 **홈페이지**: www.takart.net